LA NANOSCIENCE DES CHOSES

SCIENTIFIQUEMENT VRAI

Pour ne pas ternir le discours, un bon scientifique est né sous une bonne étoile et non un jour de pluie. Le cas échéant tout le discours tient en son sein des monologues incessants. Par peur que la folie ne guette l'ouvrage, il remet en cause et en question, celui qu'il dépeint en son sein bien gentiment. Son œuvre créer un ouvrage décent et non déçus celui qui le lira parjurera des cet instant, à qu'il est bon ce bon vieux roman mais triche sera quand il lira lentement, la vérité qui en découle de se parchemin aux milles encens.

Car de grâce cet œuvre et non cet ouvrage est liée à l'histoire très probablement scientifiquement puisque de la science on se sert pour découvrir la vérité, alors la science est née de l'œuvre et non de l'ouvrage très clairement. Pour revenir à nos pâquerettes, les fleurs odorantes sont et resteront gravées dans nos mémoires pour refaire naître l'instant ou à chaque tâtonnement on reconnaît l'odeur de la vérité et de la justesse car j'écris pour dire ce qui est vrai et non pour déblatérer sur un talus ou des gravas peu sainement.

Alors j'esquisse mes thèses et mes antithèses pour quereller le faux et le vrai, paradoxe d'injustice pour toucher au plus près de la vérité. Pourquoi écrire si ce n'est pour dépeindre des faits et écrire sur les mémoires des faits historiques cachés et opprimés. Alors on pense et on écrit pour demander à qui mieux faire justice par soi même et les autres écouter nos vérités. Tout auteur se doit d'être intelligible et intelligent pour créer une osmose avec ses lecteurs ou fan du moment.

Après une pause scientifique, on exaltera nos sensibilités artistiques par le béa ba de petites stories drôlement hilarantes apocalyptiquement incorrectes.

Ce recueil de petites stories drôlement fines et délurées, est une folle parenthèse conquise de prose et de vers non parabolique soit complètement défaite car non ce n'est pas de la poésie mais bel et bien des histoires de cœur et de sciences et vie, pardi un poil de perfidie et de dramaturgie

LE DISQUE DE PHAISTOS

Disque 1

En somme nous sommes des terriens. Nous appartenons à la civilisation des humains et nous sommes sur Terre. Il pleut, neige et vente. La température indique ce que l'on peut manger ou non et la couleur aussi. Le thermomètre est affiné et affilié à l'horloge biologique de la Terre. Elle n'a pas beaucoup d'années à vivre après le chaos climatique qui va se produire d'ici 2020 +

Si on considère que les maitres de nos sages sont eux même des sages alors qui sont leur maitre ?

Se sont des penseurs et des physiciens très intellectuels et inaudibles de part leur intelligence.

Ils peuvent nous aider. Sous le vent se situe la force de la puissance de la pesanteur et de la pression. Un poisson né et meurt de quoi ? L'homme le mange ou bien de vieillesse ou bien de maladies.

Dans les climats d'Afrique ils ne meurent quasi jamais de maladies mais manger car les fonds marins sont hauts et il y fait très chaud. La croissance de l'homme est gravée dans la mémoire de l'humanité à savoir ses gènes et son génome. Afin de préserver l'homme, la nature et la planète, il faut que le climat soit propice à l'accoutumance et à l'acclimatation. L'arbre le plus vieux du monde s'est bien acclimaté et ses fruits sont pleins de nutriments. Nous sommes visionnaires et nous pensons que la fin du monde approche alors si vous arrivez à lire et décoder la fin du disque 2, faites attention vus avez la solution. La clef de l'univers est à vous.

Disque 2

Nous sommes parvenus à nous extirper de la planète. Il en a fallut des siècles pour y parvenir et nous y sommes parvenus. Pourquoi faire ? Sauver le peuple des tribus de (Phaistos ?) l'homme en son entier sans emporter les animaux ni les végétaux. Nous avons trouvés la façon de muté et nos cerveaux ressemble à ceux des extraterrestres. Ces peuplades inconnues dont tout le monde parlera à notre époque. Nous vous envoyons ces deux cercles pour vous parler de nous mais aussi comment sauver vos vies si tel est le cas que la planète est amenée à disparaitre. Il faut contourner le soleil par la droite et laisser entrer la lumière dans la demi lune. Nous avons marché jusqu'à la mer et la terre est apparue. Cet endroit est digne de la plus merveilleuse terre qui existe. Elle s'appelle désormais ERATUM. Nous l'avons surnommée ainsi pour la postérité de la Terre. ERATUM errera de part son apogée et sa géographie. Nous sommes les habitants du centre du monde et seul nous survivrons à l'hécatombe de la fin du monde. Nous pensons que la Terre n'explosera pas et que nous survivrons. Voici comment y parvenir?

Fuyez vers le Sud à l'Ouest du Cap vert. Tracer votre chemin vers les eaux bénites de l'Israël et du Jourdain et remonter vers le camp des réfugiés, l'Iran probablement ce que vous appellerez.

Apprenez à vous servir du soleil et des étoiles s'il en restera car elles s'éteignent à vitesse du vent. Donc inutile de manquer ce passage très précieux: venez nous rencontrer sur ces terres aux climats délicieux de la Galice et du soleil levant au parcours de la croisée des mondes ou guerre climatique règnera chaos total sera votre combat. Sous les vents arides et sous les contrées de d. alors vous trouverez le chemin qui vous conduira. Encercler les terres promises qui vous mèneront à nous (si possible sous le joug de d.) et vous comprendrez cela. Comment puis-je vous aider à trouver la paix de l'homme. Par le biais de la prière et aussi de la théorie qui vous mène jusqu'ici. Le croissant fertile et le vent d'Ouest et d'Est, du Nord et du Sud. Le triangle des Bermudes que vous nommerez ainsi. C'est ici la clef pour venir nous retrouver et apprendre avec nous à nous aimer à nouveau. Faite attention à vous, vous êtes notre avenir et nous sommes votre futur. Les habitants du centre de la Terre.

LA MEDITATION

La méditation sert à orienter la vie et à la traduire, l'emmener vers un certain chemin. Pour passer au stade supérieur de la méditation et élever l'esprit, il faut le pousser à se reposer pour aller vers un après moins douloureux.

Pour accéder à l'âme, la méditation sert à l'encercler et à la transpercer pour l'atteindre. Pour guider l'âme vers la pureté et la sainteté, il lui faut des ressources équilibrées et qui la font survivre et s'aguerrir, se prémunir des défauts de la vie. Ces ressources sont des éléments en symbiose et aussi des métonymies très puissantes qui accélère la cession des parties de la corporalité du corps et de l'âme.

La méditation permet de croire en soi et accéder à sa supériorité émotionnelle pour oublier son passé moisit.

Pour guider son âme, il faut alterner entre son moi supérieur et son moi intérieur. Pour cela, il faut des sources de bien-être et de simplicité pour complaire l'âme. Elle ne supporte que le bien pour se béatifier et se transforme en mal pour évoluer vers le bien en tout cas dans un monde bon et généreux. Pour pouvoir lui concéder toute sa discrétion, il lui faut un instinct primitif et un passif moins généreux afin de prévoir et d'anticiper toute douleur et accéder à la vie antérieure et après il faut faire une sorte de retour sur soi en corrélation étroite avec l'alternative prismique du croire en soi et de s'aimer soi-même.

L'ATTRACTION TERRESTRE

Si on fait tomber une pièce de monnaie dans l'eau, le plus probable c'est de la rattraper une fois tomber mais dans l'eau pas à la surface car le vol et l'attraction de l'eau fait une désuétude prismique et fait accélérer la chute de la pièce dans l'eau. Donc le moi intérieur est toujours rattraper par le moi supérieur, l'avenir. Mais là on fait tomber, donc il y a chute mais c'est le fils de la vie. Donc lancer vers le haut = avenir et descente de la pièce vers le bas = anticipation de l'avenir sur le présent et même présent lui-même pour retomber dans l'instant t qui n'est ni le futur ni le présent mais une fixette du temps à un moment donné du présent.

Pour prouver son attachement aux sens de la vie, le sigma signifie l'appartenance à une puissance alternative qui provient de l'illettré, l'instinct, le moi intérieur.

Les hommes préhistoriques trouvent le moyen de parler en étroite corrélation avec les dessins aux murs pour avoir une vision des choses de la vie car un dessin vieillit dans le temps et on y voit la vieillesse mais aussi la dégradation du mur et ses à côtés à savoir l'origine et la provenance de la fresque car le dessin marque un instant donné dans le temps et il donne une idée sur le temps qui passe et aussi sur l'évolution possible des choses. Mais cependant pour observer une fresque il faut mettre de l'eau dans son vin et s'imaginer à la place de l'autre et là on comprend le dessin.

LA TELEPATHIE ET LE GENRE HUMAIN

La télépathie ou neurotransmission de pensée est une décélération de la pensée avec pour principe la commande à distance d'ondes cérébrales qui ont comme incidence la reconnaissance de la voix par le biais des ondes vocales et aussi un soupçon de reconnaissance faciale pour admettre le syndrome général de l'acceptation de cette pensée télétransmise par le biais d'une autre personne et aussi une sorte de commande à distance (genre d'anticipation profonde et analyser au préalable) de la capacité dépositaire à engendrer un flot de paroles cantatrices qui reste dans la mémoire mais non acquise promptement, c'est-à-dire que ce débit d'onde vocale cérébralement télétransmise par un humain à un autre humain ne reste pas dans leur mémoire puisqu'il s'agit d'une discussion entre deux hommes par le biais de la pensée. Et il en va de même pour les animaux qui n'ont pas le langage de la parole mais des bruitages (aboiements, croassement, hennissement, meuglement, caquetage, singerie...).

J'y suis sujette depuis de nombreuses années avec les humains. Ce sont des effets paranormaux et ils ont une incidence sur l'avenir et aussi sur le présent puisque ces pensées agissent en parallèle avec des discussions normales. Ces pensées existent bel et bien et elles se transmettent en se connectant au cerveau d'un autre humain en l'appelant par son prénom et il vient à moi et là je peux lui parler par la télépathie.

La télépathie est un principe très évoluer du cerveau humain qui agit comme de l'adrénaline et on ne peut pas s'en passer. C'est la conscience évoluée et poussée à l'extrême par le biais de la parole. Le genre humain prône le savoir et la connaissance à travers le point culminant de son sommet : le crâne, le cerveau et l'hypothalamus. Du bout de ses doigts, il agit et de ses pieds il dépasse les limites traditionnelles pour faire valoir son savoir à toute la terre entière au genre humain.

Pour ne plus être le même homme et pour évoluer, il surpasse tout ce qu'il connait et enfreint les interdits ce qui le pousse à devenir un mauvais homme ou à obtenir la connaissance sans pour autant accepter la différence ou la non-révolution intérieure puisque non intégrée cette différence est non acquise et non retransmise au genre succédant l'homme à savoir ses descendants.

Pour être un homme hors du commun, il faut avoir la capacité d'adaptabilité ultime à toutes épreuves de la vie et la possibilité unique d'y parvenir est de creuser d'un côté comme de l'autre et d'avant en arrière. En gros, plus on achemine un savoir plus il faut l'étendre vers l'extérieur en partant de cette idée ou conception originale et l'amener vers quelque chose d'extraordinaire (l'allumer dans la lumière) et faire de lui un objet précieux multidimensionnel qui pourrai à la fois nuire et protéger mais aussi trahir et amener à la véracité.

Trahir pour ne pas dire omettre de comprendre la chose à savoir son incidence sur l'homme et son environnement.

Ensuite il s'agit de faire de ces capacités intellectuelles et factuelles des objets rudimentaires qui se place à égalité avec la génération originale instable mais empiriquement profonde et établie dans un cadre statutaire égalitaire et grotesque.

Les mécanismes de pensées chronophage établissent des règles et des limites très instables sur le plan des énergies cérébrales qui produise des conduits au cerveau sortent de mécanisme récurrent qui empêche les personnes d'évoluer et de mettre des limites empêchent le cervelet d'être au contact de certaines puissances environnementales pré établies qui prônent la singularité de l'homme et se veut directement non affectée par un système logique de pensé ultime non corrélé par une déduction des centaines de milliards de million d'ondes cérébrales qui ont pour but l'abolition de la peine cérébrale à savoir la mort.

Pour être sûr de bien repérer le chainon manquant dans une succession d'idée il faut s'abreuvoir de l'ensemble et trouver l'erreur fatale.

Ex : si on tombe dans un puit il faut enregistrer l'erreur tomber dans le puit et s'en défaire comme si on n'était pas tomber et comprendre pourquoi on n'est pas tomber naturellement et c'est ca le chainon manquant toujours c'est cette façon de penser la qui montre le chainon manquant.

Tomber sur une preuve et la falsifier est signe de bonne volonté sauf quand elle est éparse.

Elle est significativement instable mais permet de dévoiler la vérité tel que les portraits robot.

Quand un schéma de penser est établie, elle s'ancre dans les mémoires et s'établie une corrélation nerveuse qui laisse entamer une faille dans la carapace et l'âme devient vulnérable voire destructible. C'est pour cela que rétablir la vérité est important et ne pas le dire serait trahir d'abord D. et son pacte établis et soi-même sa création donc son énergie positive transformé en âme égarée avec un certain désaccord quant à la perpétration de la mission existentielle rester auprès de sa communauté car trahir est signe de non-acceptation de son âme donc refoulé sa mission son pacte auprès des autres c'est comme cacher une partie de la vérité.

Les yeux sont le reflet de l'âme. De l'âme en découle une version différente de la vérité.

LA GRAVITE

La gravité entraine la mort des cellules pour la raison que les cellules ont besoin de stabilité atmosphérique et de pluralité dans l'ozone. Si un ballon était sans cesse en l'air il se dégonflerait. Si un ballon était au sol souvent il mettrait moins de temps à crever. Pour obtenir un ballon parfait il faut faire des pressions constantes pour améliorer son gabarit et qu'il reste gonflé sinon avec le temps il se concentre enfin l'air à l'intérieur et devient un peu plus fragile et moins solide au pourtour.

Pour obtenir ce ballon parfait il faut aussi l'arroser de plein fouet car son ambivalence à savoir sa densité et sa composition permette une absorption complète que quand le ballon est parfaitement arrosé.

Et si un ballon fait plus de rebond que de sur place alors il meurt.

S'il en fait équitablement alors il vit.il meurt jamais si tous les éléments sont à l'équitable comme à sa conception à savoir sa complète fabrication entière et sa mise sur le marché.

Mais si le ballon se perd et trouve un propriétaire autre il revit et sa vie est augmentée car la pression est différente que d'habitude.

LES ABEILLES

Les abeilles fabriquent du miel et ne se laissent pas faire lorsqu'on les approche à savoir piquer car si on les tue elles ne produisent plus de miel et leur bourdonnement n'est plus alors elles ne font plus de culture de fleur et leur création n'agit plus sur les plantations ça veut dire qu'il n'y a plus de bouture et de floraison car les abeilles butine et font respirer la fleur qui est obstrué par la pollution des champs pesticides et pollution carbonique

Pour aller de l'avant avec cette version, il faut remettre en question la version de l'apesanteur car si on prône le succès des voitures et des avions qui polluent beaucoup aussi alors les abeilles vont disparaitre totalement ?

A cause du réchauffement climatique la chaleur exerce une pression sur leurs ailes et elles divaguent leur orientation est biaisée et elles attirent les foudres de d'autres insectes et humains qui croisent leur chemin.

De plus il faut aussi comprendre que l'on n'est pas obligé de travailler avec les abeilles pour fabriquer du miel : les bourdons et les insectes peuvent aussi en fabriquer, exemple : si on prend un papillon, il puise le nectar tout comme les abeilles et le recrache dans une autre fleur puisqu'il passe sa vie dans les fleurs. Voici la solution : arrêter de mettre des pesticides partout et aussi arrêter de surchauffer la planète à base de carburant, utiliser les transports en commun et aussi diminuer les vols aériens. Il faut aussi du pétrole pour créer des plantes et faire des plantations car si on comprend pourquoi il existe le pétrole alors on voit qu'il est utile sur de nombreux plans.

LE CARBURANT

Il va de soi que le pétrole est l'élément constitutif de l'or noir, le carburant Il permet aussi de planter et de resserrer les trous de la planète si une comète venait se cracher sur elle, des choses pourraient s'y agglutiner tels de l'eau de pluie puis créer un mini lac de cenote (trou de météorite dans la croute terrestre).
Afin de prouver qu'il y a bien de l'or noir à l'intérieur aussi il faut comprendre les fondements des cenotes.
Pour tout dire il faut reprendre la construction de la croûte terrestre. Celle -ci est partagée en plusieurs hémisphères ce qui provoque des déserts climatiques et à ce qui parait les déserts de vie c'est soit la sur chaleur soit la sur froideur. Donc pourquoi va-t-on dans cette direction déjà d'une la planète et les cenotes ?
Car la terre est un cratère béant constitué de trous à n'en plus finir. Donc si on prend un cenote et qu'on lui confère une catégorie de vie alors il faut bien lui faire prendre une forme de vie.
C'est en ça que l'or noir prend place et en cela il constitue un élément couvrant la croute terrestre.
Pour pouvoir le prouver il faut être sur place et foré à plusieurs kilomètres sous terre et là se découvre l'or noir. Il y en a à peu près partout sur le globe dans les zones chaudes logique puisque si on comprend que l'or noir est du pétrole et qu'il prend feu puisque la terre est une boule de feu comme le soleil à la base alors s'y niche automatiquement et non dans les zones froides quoiqu'il y soit aussi mais version solidifiée enfin je pense.

Puis se demander à quoi il sert ne serait pas si mal : il colmate les trous et fait défiler les volcans à savoir il demande beaucoup d'énergie à un volcan pour naitre donc les trous béants sont des niches cossues aussi pour les volcans. Le pétrole fuis les climats tempérés car il est avide de température élevé. S'il s'y niche c'est pour abriter des minéraux et toutes sortent de pierres précieuses.

Alors elles excluent la végétation en son centre car c'est que du feu et des minéraux en son épicentre. Ensuite pourquoi faire des éléments de base des éléments secondaires comme la lave qui crache du feu et se solidifie donc on est bien d'accord qu'il n'y a pas que du feu donc oui il y a aussi des minéraux et de la boue avec de la terre sinon aucune végétation ne pourrait d'y accommoder.

Pour s'y acclimater, l'engrais est nécessaire donc les insectes et les oiseaux et les humains aussi ainsi que les vagues la mer qui fertilise tout ceci.

Après la Terre prend forme et la végétation aussi.

Ainsi se construis la vie sur la terre formant des cratères et des croutes terrestres grâce au pétrole qui circule dans les souterrains terrestres et aussi qui affluent vers les volcans pour leur conférer une puissance de feu incomparable et de sédimentation exceptionnel.

LA PLANETE ET LES POLLUANTS

La planète est source de part la pollution par les gaz à effet de serre et les polluants toxiques des produits ménagers et des médicaments.
La première source de pollution est l'eau des égouts.
Elle contient tous les déchets toxiques et la terre est contaminé par les pesticides.
Les fruits et légumes aussi en contiennent.
Pour savoir s'ils sont contaminés il faut éviter les tâches vert foncé sur leur peau alors que les fruits sont d'une autre couleur.
Ce sont les plus toxiques.
Depuis des décennies les médicaments pullulent dans nos organismes, il vaut mieux ne plus en prendre car l'homme ne supporte que très rarement les OGM et les médicaments en font partis. Ils donnent des excroissances aux cellules ce qui les modifient.
Les hommes contaminés sont de plus en plus dangereux car ils ne contrôlent plus leur hormone et aussi ils deviennent un peu fous car le cerveau a du mal à assimiler ces nouvelles substances qui détruisent les cellules souches source de jeunesse et de régénération cellulaire. Pourquoi les molécules sont elles aussi dangereuse et pourquoi les autorisent-on ? car elles soignent des maladies très grave mais elles en créées aussi donc il faut être très prudent et n'en consommé qu'avec l'extrême utilité.
Créer des courants marins assure aux poissons une parfaite oxygénation et cela entraine une conduite exemplaire a tenir pour les êtres humains en terme de devenir de la terre et tout ce qui s'en suit à savoir les hommes polluent énormément et sont globalement insatisfait de leur génération qui accumule les déchets et les jettent au sol sans même respecter les espèces animales et aussi la végétation qui devient de plus en plus rare sur terre ca provoque des trous béant dans les forêts telle que l'Amazonie et se transforme en terrain ou le feu et les espèce animale ne peuvent même pas vivre ni supporter quelconque élément naturel oui j'ai bien dis le feu car le feu au moins permet de restructurer les conduits terrien à savoir les engrainer donc c'est compliqué quand même les éléments dangereux pour la nature ne peuvent pas y accéder c'est ensuite le néant qui suit la déforestation donc attention quand vous acheter ou jeter un papier par terre c'est détruire un arbre et c'est détruire une possible respiration sur terre humaine oui car si on respire c'est grâce aux arbres lol.

LE PUIT

Le puit dans lequel tombe l'eau des nuages est important car il appartient à la vie à savoir qu'il en découle des eaux des saisons qui donnent la vie. Sans ces différentes eaux la fertilité du sol est nulle.

Pour se faire, il faut de l'eau et de la terre. La terre est fertile si l'eau est pure si elle est impure elle ne donne pas la vie. Pour qu'elle puisse donner la vie il faut la préserver des mauvais plants et surtout des mauvaises terres. Une terre infertile donnera de l'infertilité et c'est cela que les puits ont été créer dans le désert car la terre est infertile. Elle est perdue. Si on la puise en profondeur on y trouve différents éléments minéraux. Si on puise encore plus en profondeur l'eau y eau impropre à la consommation car elle contient tous les déchets de la terre. Soit une eau insalubre. Si l'eau est impropre en profondeur alors elle nettoie et rend neutre le terrain plus propice à la création de la vie en sous couche plus élevée.

Pour ne pas altérer un aliment il faut le nettoyer pour le rendre propre à la consommation.

C'est pareil pour l'eau on peut la nettoyer pour la consommer c'est pour cela que l'on puise l'eau en profondeur pour la nettoyer dans les usines et aussi on fait cela pour en économiser car l'eau de source est de plus en plus rare évidemment à cause du réchauffement climatique. Ensuite il faut savoir que plus le puit est fin plus l'eau est saine plus le puit est large plus large est impure. Car si un puit est fin alors les impuretés s'y concentre certes mais il y en a moins et le pourtour est fait en pierre qui nettoie l'eau les minéraux nettoie l'eau impure et la rende pure.

Une source intéressante d'eau est l'eau de pluie qui peut être un breuvage pour les animaux mais pas pour les humains qui eux doivent en priorité boire l'eau de la montagne car les minéraux qui s'y déposent nettoie l'eau du ciel et des glaçons et apportent des minéraux supplémentaires.

Le puit est neuf quand il est à moitié rempli s'il ne l'est pas alors il est plein et là il n'est pas neuf.

Si le puit est vide alors le sol est sec et il doit y avoir une source d'eau en profondeur car l'eau n'est jamais très loin du sol désertique mais encore faut-il la trouver pour cela se référé aux cartographies des sols et à la température les courants d'air chauds froids. Là ou il y a du vent il a plus de chance d'en trouver car en bas ça bouge.

Si un glissement de terrain venait à faire un tremblement de terre alors il y aura de l'eau à profusion à proximité dans les environs.

Si un champ donne de mauvaise récolte alors l'eau est impropre donc les prochains rendements seront soit impropre soit il faudra fertiliser.

Le cerveau est régulateur. Il a une sensibilité motrice et émotionnelle Cela signifie qu'il est cognitif et contrôle tous les sens. Le lobe frontale analyse et supervise l'attention. L'auditif est intimiste et analyse le rythme cardiaque. Le glucose présent dans notre organisme est à l'origine de mésencéphale, bonne porteuse de globule blanc, protecteur de tout ce qui termine les régions profondes du cerveau. La maladie de parkinson et les tumeurs troublent la mémoire et trouble aussi le bon déroulement de l'attention. Pour en guérir il faut une bonne dose de vitamine C, du sommeil et de l'écriture (écrire des histoires).

L'alcool et les stupéfiants aide au mécanisme de l'aérophagie, l'aération des cellules par l'apport d'oxygène intra organique. Le sucre est l'aliment roi dans ce cas de figure léthargique.

Les symptômes musculaires de ce vieillissement sommaire est la décadence cérébrale et le principal symptôme est la difficulté respiratoire. L'asthme est une maladie liée à la maladie de parkinson sus génique. La mère et le père sont donc porteur sain du syndrome anti génique de l'asthme sus corrélé au gène dégénératif du variant léthargique parkinsonien. Tout ceci est une allusion symptomal de l'addition du génome manquant la biosynthèse microbienne de l'aérophagie.

En clair une grosse prise de poids par ingestion d'air possède les cellules de nombreux symptômes dégressif et le fait que la mère enfante tout en ayant ces caractéristiques affaiblie son taux de subsidence c'est à dire sa fonction primitive à échelon modéré donc l'enfant se tare de syndrome consumant les cellules et paralysant le nerf dorsale ce qui incombe une coupure au niveau central et sus central. En clair et somme le décadent syndrome de l'asthme subalterne. Les animaux bilatériens ont un rôle mécaniques du langage mécanique. Ca signifie qu'ils ont un mécanisme aguerri de pensée courante et aussi ils vivent par plaisir et non par mécanie. L'homme inclut dans son schéma de pensé l'animal comme cognitif et non dessué de sens littéraire car ils ont une conscience et ils ne peuvent pas s'exprimer comme les êtres humains par le langage de la parole mais par la mimique systémique l'auditoire de la voix en somme le beuglement. Les métazoaires, les animaux qui se nourrissent de substance chimique et organiques soit la majorité des animaux trouvent leur clade dans une zone cernée de métanphibien qui contrôle le cerveau avec une conscience de soi non reconnu de tous.

Le cerveau tient son langage codé par de nombreuses cellules épiphalienne dénuées de sens concentrique. Elles arborent et coroborent l'asphalte du système nerveux. L'encéphale dénie le système de song bidimensionnel mais arbore un song sectoriel et vectoriel ce qui signifie etre et paraître en bidimension sans interruption de song.

Les reptiliens ont un ordre pré établie de choses dénués de sens pour attraper leur proie plus facilement. En fait ils observent et comparent au lieu de trier d'un coup.

Le cerveau est corrélé d'ensemble néfaste à son fonctionnement. Il est doué de fonction corimaire et interstelaire. Cela signifie qu'il va et viens en avançant ou reculant et non dans le sens paramétrer de trou. C'est en décidant d'avancer ou reculer qu'il établit ses connections.

PETITES HISTOIRES DROLEMENT FINES ET DELUREES

LE LABORENFOU

L'histoire commence par une petite fleur Biona, de son prénom, qui poussa dans le mauvais sens. En effet, ce choc provient d'une expérience qu'avait faite son père Bionos dans son anti chambre servant de laboratoire d'expériences atypiques.

Ce jardin biotanique n'est pas forcément un logis pour fleur sans abris.

Il y récolte et y fait semencer tout type de pétales en désuétude et en quête de dépendance florale.

Cette petite fleur Biona, de son prénom, ne cesse de perturber l'esprit de Bionos son père. Car Biona est à la quintessence de sa beauté, perle rare de ce fou de laborantin d'analyses pétalièrement atteinte d'immortalité incandescente.

Biona se prélasse avec Clémentos et Patatates deux prototypes anormaux et atypiques créés de toutes fleurs par Bionos.

Clémentos est un hybride mélange de clémentine et de pêche. Ces traits bien dessinés sans pelure et sa peau satiné velouté en fait de cette espèce une très rare comestible croisée.

Clémentos se déguste mais s'admire et sa primance est rayonnante dans le labo en tout genre de Bionos, mâle dominant de ces perles rares, fleurs exotiques jamais obtenue auparavant par nul autre savant complètement cifonné et allumé du ciboulon.

Clémentos s'obtient sur commande auprès de Bionos sur son méga site internet Floranus.com.

Patatas, quant à elle, la croisée allumée du bulbe, patate mélange sexuée d'artichaud se prélasse aussi parmi ses perturbés de la graine végétale végétative.

Ce serait parjuré que de dire que Bionos est un mauvais chimiste. Il se prélasse lui aussi sur ses trouvailles car il a remporté grâce à Biona, Clémentos et Patatas, le prix nobel de la création végétalienne.

Dans le futur, les créations de Bionos seront sur tous les étalages des supermarchés non discounters de la Terre et les préludes de ces trouvailles ne sont pas synonyme de dégénérescence cellulaire chez Bionos puisque sa toute dernière trouvaille fait référence à la jeunesse éternelle des cellules pétalières dont la durée de vie est insolvable.

Pour ne pas ternir la chose, Bionos le fou laborantin n'est pas tenu de divulguer les recettes de ces petites expériences car non seulement, elles vont lui apporter de l'oseille mais pire vont lui permettre d'être le plus admiré et admirable de son épopée.

Celui-ci raconte tout à sa moitié, son épouse Nissa.

Cependant, Nissa maniérée et maniaque au possible balaie tout sur son passage et à la fâcheuse manie de tout jeter.

Bionos ne cesse de lui baragouiner : « Fait fit de mes à côté ! Je n'en suis pas à ma première saliverie gustative et laisse dont en paix et en place mes papelards du placard et mes floraisons en tout genre.

Mes expériences sont miennes, ne jette rien ! ».

Nissa, bonne femme à tout faire, se prélasse elle aussi sur son balais et sa serpillère.

Elle ne cesse de tout foutre en l'air ce qui a causé à de nombreuses reprises d'incommensurables catastrophes sur le plan des écritos de Bionos, des mélanges insatiables sur les téco se sont produits.

Ceci a provoqué un terrible et une improbable expérimentation de Bionos.

Biona la petite rose qui se retrouve tête bèche avec une tige au milieu du pédoncule. Ce format inédit et inégale fait d'elle :

1° une rose inoubliable

2° une source évidente de recherche sur les puissances de la création et de la relativité gravitationelle

3° fichtre, une expérience des plus cool !

Comme quoi une femme peut être bonne à tout faire ou défaire.

SLIM FAST

Tom, le chat péteur batard de gouttière n'avait connu que le domicile de son père adoptif Pedro toute sa vie.

Pour autant, il adorait se prélasser sur sa nourriture.

Pochon à la con au poulet, bœuf et saumon.

Ce Tom, embourber avait une poche de graisse sous son bas ventre et l'on croirait qu'il était une femelle enceinte. Si bien qu'il se faisait recaler toujours, toute sa vie chaque fois qu'il sortait dehors en cachète de Pedro.

Pedro était déluré et ne prenait guère soin de son animal Tom, ni même de sa chatière qui puait les déjections et des excréments.

Pour se venger de Pedro, Tom allait faire ses besoins dans les fleurs et le potager de son acolyte non moins clochard Pedro. Clochard dans le style car Pedro était milliardaire. A 30 ans, Pedrito de son petit nom ne parjurait que pour coucher avec des filles d'une vingtaine d'années. Il ne jurait que par cela. Mais il cherchait vraiment l'amour lui le milliardaire mythomane.

Il emmenait ses « filles » chez lui et les présentaient à Tom, chat mythomane de prise et de bas abords bis. Celui-ci la mettra à l'envers à son père adoptif en lui volant la vedette chaque fois qu'une fille viendra chez lui. Les filles ne faisait que caresser le chat et n'avait d'yeux que pour lui. Le chat se prélassait non moins bien que sur sa nourriture car l'idée était de se faire remarquer et de se venger de Pedro.

Il n'admettait guère les manières de son maître. En effet, il couchait avec tout ce qui bouge. Tom ne pouvait en faire de lui-même, lui le grassouillet, chat batard des égouts retrouvé quasi mort à la naissance et tout crasseux de malbouffe.

Pedro lui sauva quand même la vie mais il n'en fit guère acte. Pedro se prostituait avec des travestis de temps à autres pour rompre la monotonie dans laquelle il était installé. Pourquoi Tom en voulait tant à Pedro puisqu'il lui avait sauvé la vie ? Car Tom était ripou et n'avait d'yeux que pour sa bouffe dégueulasse mais Tom et son potager saucer de pipi et caca « n'engraitisé » pas moins mal se verger fâcheux.

Les légumes et les fruits y poussaient miraculeusement bien. Si bien que ce bon vieux Pedro devenait le plus gros producteur de végétaux comestibles.

Sans le savoir, les habitants de la contrée bouffaient des légumineuses emplie d'excréments Tomisé
∧∧

Les deux « thomy » (mythomane) se faisait une manne d'or avec ce verger impur. Tom y larguait quelques crottes bien moisies et crasseuses qui rendaient vraiment fertile le sol. Les chats qui se baladaient par la étaient attirés par son odeur vile gueuse.

Ils firent eux même leur marque territoriale sur ce sol riches en nutriments. Ainsi tous les chats de la région avaient fait leur besoin dans ce champ aux champs aux propriétés fertilisantes à souhait.

Pedro ne s'en douta pas et continua son business juteux de vente de légumes et fruits aux habitants des pourtours.

Tom se mit au régime avec le non moins croquant friskies bio ordonnancé par le véto que Pedro visitait une fois tous les 36 du mois soit jamais pour ainsi dire.

Sauf que là, Tom nécessitait un bon slim fast dans la face et de toute urgence car ce gros plein de soupe était d'une obésité morbide à en pleurer. Ce régime lui collait plutôt bien à la peau et les croquettes emplie d'eau faisait gonfler sa pense qu'il ne sentait plus l'envie de manger.

Il maigrit pendant que Pedro grossissait puisqu'il mangeait ses fruits et ses légumes parsemés d'excréments. Belle revanche sur lui qui ne cesser de coucher.

C'est un slim fast réussit pour Tom et Pedro devint un gros plein de soupe dégueulasse du verger de tous ces chats mal léchés.

BALADES

Au bois de Boulogne, Charly fait son jogging comme d'habitude. Il est 7h du matin et Charly perd ses écouteurs au cours de sa marche folle. Piétiné par Gil, frustré, Charly pleure de douleurs articulaires et de peine.

Son chien Chiffon, bichon croisé malinois, demanda la permission pour faire ses besoins sur le bas-côté près de la porte de la voiture la plus classe du parking du bois.

A Boulogne, on croise sans peine des Chevrolet, des Jeeps et des Porches. Non peureux et espiègle à souhait, Chiffon urina sur la jante la plus belle du parking.

Une féfé décapotée et jaunie par la pisse de ce sale cabot. Chiffon, non mécontent de sa bêtise enchaîna par un lâcher de merde dégueulasse sur la jante noircit de prime et de bas abords.

Fictus, le chat de Gil approcha de Chiffon et dans sa course affirmée fit un bond en arrière de 3 mètres au grand minimum car Chiffon sentis son derrière par surprise.

Fictus le chat fut choqué et traumatisé par l'approche à l'aveuglette de Chiffon le chien. Du haut de son vieil âge, Chiffon ne fit plus la distinction entre chat et chien. Chiffon en eu marre du recalage permanent, lui le bichon croisé malinois était le seul de sa race au monde !

Il était différent des autres chiens et fit du sale toute sa vie. Il n'eut jamais la chance d'aller chez le toiletteur du coin du bois de Boulogne.

Il n'était pas vil gueux pour autant, juste un peu déluré et pervers sur le téco.

Il voulut trouver la femme de sa vie tout comme Charly et Fictus ainsi que Gil. Les hommes en quête de l'âme sœur et les animaux sont étrangement intéressant pour parjurer.

En effet Gil et Charly étaient homosexuels refoulés. Pour éviter la chose, se sentaient très différents et décidèrent d'aller voir des prostitués au bois. Mais celles-ci ne leur donnèrent rien car elles savaient bien quelle était la nature de Gil et Charly.

Le chat Fictus et le chien Chiffon s'enfilèrent une bonne rouste par leur maitre car ils se sniffèrent d'un peu trop près.

Déjà que Gil et Charly n'assumèrent pas la scène mais les deux compères amis depuis des années se sentirent mal à l'aise à la vue de ces animaux complètement malades du zboubi et attirer l'un par l'autre.

Ils prirent la décision de castrer pour la vie ses deux bêtes hébétées, pauvres chien chat prochainement décapoter du zboubi. Se casser à vie de leur impies maîtres fut la meilleure chose à faire. Sniffant la chose, Gil et Charly n'en firent qu'une circoncision, l'abandon.

Ses chiens de maitres malpropres sont incensés, fichtre, pardis ! pourquoi ça ? pourquoi eux ? pourquoi tant de déconfiture envers leurs compagnons de route Fictus, Chiffon mi ange mi demon, tartuf ne faisant que grignoter pochons à la con et croquettes à deux balles.

Adieu le bois et ses Chevrolets, Jeeps, Porches en tout genre puisque le plus important c'est d'être en vie et surtout clochard en devenir !!!!

La belle et le clochard comme dirait l'autre c'est de se faire la belle et devenir clochard ☺

LA LEPRE DU CUL

Un matin la petite Zoé cria après son lapin nain qui faisait ses besoins sur son lit. Elle se sentis trahi par son ami le lapin Momo qu'elle surnommait ainsi.
Momo était un lapin nain âgé de 1 an, un tout petit lapin qui avait envie de s'amuser avec la petite Zoé.
Trouvant l'odeur désagréable, zoé pris le caca dans ses petites mains et jeta le caca par terre sur le sol de sa chambre.
Ni une ni deux le lapin Momo amusé fit un bond en avant et disparut de la chambre de zoé.
La petite fille se mit à pleurer à chaudes larmes à la vue de Momo disparut.
Quelle tristesse pour Zoé de se sentir salie de la sorte par son meilleur ami Momo !
Elle pleura tellement fort que sa maman accourra dans sa chambre et découvrit l'horreur au sol et le lit tout salis.
Joelle s'esclaffa et demanda à Zoé ce qui lui pris de faire caca par terre ainsi. La pauvre petite n'y était pour rien mais sa mère pensait que c'était elle.
Ainsi la petite prit une raclée dans la tronche par sa mère Joelle plus qu'énervée.
Elle se baissa pour ramasser la merde au sol et bim d'un bon frénétique Momo réapparut et se mit à couiner sans raison !
Il fallut un certain temps à Joelle pour décrotter la merde salace de Momo.
Momo était un lapin nain de 1 an d'âge mais mur en conneries viles gueuses ! lol il lui parut normal de chier au sol sans scrupule et Zoé la petite fit une erreur fatale…
In fine Zoé était une petite obéissante et très adorable de caractère mais non abordable !
En effet elle se sentis pousser des elle des lors que Momo était dans les parages et dès que sa mère était apparente elle faisait la sage comme une image !
Emile et images, le groupe préféré de Joelle la maman folle et délurée ne parjurait que par un song bien décontenancé à base de maitresse oh ma maitresse ne touche pas à mes tresses car que de stress en déconfiture Zoé et Momo lui entrainait une tension vénérienne et plus qu'élevée !
En somme la mesquina Joelle folle de prime et de bas abord ne pouvait plus supporter les agissements des jnoun (diables) d'enfants qu'elle élevait à sa sauce, perfide !
Pourquoi me direz-vous ?
Car Joelle la folle se prostituait de temps à autres et ses viles gueux jobar de rejetons commencèrent à l'imiter de temps à autres pour tuer le temps qui leur paraissaient long car oui Joelle avait aussi un petit garçon nommé Cherlok. Cherlok fut surpris et choqué par temps d'ardeur de sa mère adorée de tous mais folle et dépravée.
Elle ramenait des mecs chez elle devant ses enfants et Momo profitait de la situation pour foutre un bordel monstre dans la baraque à saucière pardi !
La crémière Joelle était une gourde épaisse et poilues.
Blonde décapsulée et chiffonnée ses cheveux en forme de crinière dégueulasse et non abondante pendaient tels une sorte de haricot moisit et rabougris.
Ne se lavant presque jamais la mesquina Joelle puait de la culotte sale !!!

Non obstent ses mômes rejetés de toute part faisaient les golmons aussi intéressants soient-ils.
Donc d'une Joelle putin du bed ne se considère pas pour de la merde puisque leur fion en est plein mais d'autres les mômes bouffons du bed ne supporte plus la situation et la font tourner en bourriques.
Donc vive la France profonde qui baise à tout va et s'en sont allé baracouda et le zbir de goliath vile gueux déchus de par leur promiscuité avec le biscuit de la crémière car la bosseuse du bed été imaculé de plaies béantes soit de zboub déconfis à savoir d'herpès vaginale et congénitale soit deux sbir de gamins moisis en déconfiture toujours !
Et fichtre pardi elle trouva enfin l'homme de sa vie un espèce d'enculé du bled profond, un algérois, elle la bonne française Joelle de sa France profonde mais du trou d'où ils viennent cela ne convient pas aux bonne mœurs car le problème c'est que le kemé est maqué et même marié avec enfants mais plus à charge fort heureusement pour eux !
Donc voilà la situation est telle que la crémière est chomeuse car l'homme ne veut pas quitter sa femme et ne veux surtout pas perdre son statut d'homme bandant !
Car oui sans sa vrai chomière la putin bis car tel est le cas (une salope de plus qui ne fou rien à la baraque et qui ne peux vivre sans sa fille qui la déteste et qui se déteste mutuellement) sait pertinemment que le chomié son rima pourri la trompe mais ils va de soit que la fille de la marié va se venger car échange à deux balles de vies sans voit répercuté la personnalité de la petite fille devenue grande est bien plus intello que tout autre espèce de cornichon à deux boules mini corneto fini et scalpé car oui la religion à son mot à dire et la séparation sera grande lors du jugement dernier.
La justice quant à elle va juger un salop qui frappe sa fille qui connait bien des déboires puisque tabassé elle se fait et enculer aussi par la fille de l'autre prostituée.
Oui l'homme apporte la sérénité du couple et de la famille sauf qu'échange de vie il y a donc vengeance accrue et jonchée de sueur froide et de justice des cieux et du sous terrain vile gueux la TERRE il y a aura.
Il lui doive obligeance car jury et juré ont promis serment et gloire aux plus fort et surtout à celle qui par-dessus tout réclame la justice du ciel et du cul car anormal sont les putes déchues qui se prostitue par jalousie et ne font que crier ah ciel je suis la plus belle quand mocheté il y a et surtout quand crime abusif porter plainte il sera et gagné avec prison pour les bourreaux du cœur et du cul il y aura !!!!!!!
Victoire garantie pour la petite et oui et oui plus pourrie la pute fut plus confite elle sera quand justice sera…

LE ROI PITRE

Il était une fois une jungle bien sombre la nuit venue !

La lune l'éclaira de parts ses rayons multidimensionnels et strastosphériquement gravitationnels.

Un lion, Plubla, dans la fleur de l'âge, 5 ans passé eu soudain un bien précieux présentiment.

Il sentit un étrange acharnement contre sa broussaille précieuse.

L'homme, étranger de son territoire lui pris non pas un mais une bonne centaine d'arbres vieux de plus de 3000 ans. Les singes non peu espiègles le prévinrent d'une bien mauvaise nouvelle : l'homme massacrait en masse des espèces étrangères à lui.

Il parvenu à cerner l'homme en l'encerclant du haut de sa montagne vénérable et aux champignons ultra vénéneux. Le venin de ce champignon tellement puissant fait qu'une ingestion de celle-ci dans l'abdomen la lui transperce en moins d'une minute et le malade ne s'en remet qu'avec un antidote, une plante rare que les grands singes des montagnes ingèrent tout le temps.

Le temps d'un instant, les espèces animalières en quête de vengeance se retrouvèrent face à un dilem : celui de vouloir capturer l'intru et lui faire ingérer l'espèce champignionière ultra vénéneuse. En guise de consolation première, les étrangers du peuple humain soit les singes des montagnes hautes ainsi que les lions et les lionnes pourtant adversaire de la brousaille, se mirent à réfléchir…

Plubla le grand Lion à la barbichette éparse parsemée d'orange et de blanc se contenta d'observer les grands singes et les salua d'un revers de la patte signe d'admiration et se promis de ne plus jamais ingérer de singes des montagnes.

Soudain, ils eurent une idée des plus resplendissante : se rapprocher du peuple humain jusque dans leur baraque et les fourrer de ce champignon maléfique un peu partout, éparse et surtout d'en fourrer dans leur nourriture en toute discrétion.

Les humains ne se doutant de rien eurent faim se hâta avec un festoyant repas alléchant pour tous les hommes : le ragout au gnou !

Difficile de digérer la chose, gloutu comme des gloutons, les hommes prirent une sacrée tourista dans le cul et pas plus. A savoir une bonne colique néfrétique.

Frénésie chez les singes grands de ce nom : le plan foira.

Le lion Plubla n'eu guère la force de les remercier mais il lui vint une sacrée idée, éparse !

Il suffit de les arroser pardi !

Par la force des eaux et des denrées alimentaires envenimées, l'ennemis fut contrôler.

Les hommes comprirent que la nature ne se laisserai pas faire et que le seul moyen d'en finir était d'aller vers une autre destination. L'affaire conclue entre les chinois et l'orient du projet gran route vers l'AFRIQUE fut bani, les hommes rapatrier.

EN APARTE : Il s'en va que quand Plubla se jetta dans l'eau pour que le barrage capote, il eut des déboires.
1° il perdit pieds dans l'eau ruisselante et faillis se noyer.
2° il se prit un énorme caillou sur la tête qui l'assomit

Plupla, roi des animaux de la broussaille devint dont roi et fit la connaissance de sa future une petite lionne docile et gentille qui lui fit des bébés lionceaux.

Avec un peu d'aisance, le temps fait que Morgan le taxi, reprend son taxi et parfait sa conduite en mode conduite accompagnée.

La pire chose dans la conduite est le manque d'observance et d'agilité d'esprit. Il faut donc entrainer son cerveau à la dextérité toute puissante des yeux des connexions neurocérébrales et de l'agilité profonde des jambes et des pieds.

Donc inutile de vous le dire mais pépère Morgan et son ami Boris, les vieux éclopés de la vie et D. sait combien la vie fut lancinante et tempérée furent obligés de repasser le permis en conduite accompagnée.

Et oui tous deux fous du volant, ont égarés un ou deux points et au total ben la totalité de leur point permis.

Donc oui à la conduite mais non sauvage et non aux écorchés vifs car selon moi il ne nécessite pas seulement de savoir conduire pour prendre le volant mais de savoir tenir la conduite et de se contrôler à savoir ses sentiments car on peut perdre les pédales et se ramasser la gueule dans un accident non reconnu mais méconnus des forces de l'ordre car oui à la bonne aisance des freins et non aux ressentiments perdus en ligne droite courbées non aperçus au loin égarés car cela peut vous causer bien des soucis. Boris l'alcoolique à ses heures perdues et Morgan l'éperdu des sentiments amoureux vile gueux,prélassent et sirotent un bon verre de wisky bien vieillies 100 ans d'âge et d'âge mur.

Ils ont aimé tester le mélange wisky rhum ambré et voila qu'ils repartent pied et de bonne humeur chez eux à quelques pas de leur bar favoris un petit bar bien sympathique qui ne paie pas de mine et qui provoque les foudres de certains et certaines car oui on peu voir et entendre des choses sous l'emprise de l'alcool mais certaines de ces choses ne devraient mieux pas être révélées.

Et oui quand l'alcool est là, c'est pour nous détendre mais D. sait que cela fait des ravages à outrance.

Donc Boris l'alcolo et Morgan le comique sentimentalo s'en sont bien sortis pour cette fois-ci sauf que le Boris a craqué son slip dans le jargon des djeuns et à fini par sortir un secret du tonnerre de

D. car oui il a fauté avec la petite à Morgan fut un temps, un temps salace et dégueulasse et lui le bon vieux Morgan méritant et non moins malchanceux se veut la risée de toute l'assemblée populaire du village qui l'abrite et l'héberge à titre onéreux et qui plus est lui le seul être du village à donner tout son cœur et tout son temps son temps à ses congénères les habitants, peuplades non moins bien méritantes que non reconnaissante envers lui.

Et oui, il finis par être la risée du val fleuris, le village maudit pour lui et pardi à finis non pas sa vie mais sa vieille bécane à sauver aussi sa peau car oui ce soir la, il a faillis mettre fin à ses jours quand il appris la trahison de sa vieille au crâne dégarnis et pire il aurait pu mettre la vie des autres en danger, donc il aurai fallut d'une part un éthylotest pour pouvoir redémarrer et d'autre part un permis pour ralentir son palpitant car non obstent la permission ne lui est plus donner d'assouvir sa

primitive mal baisé, sa petite la grossière prostituée car il l'a déchue et d'autre part, grossier que sont les gens, ils lui aurait bien enlever la vie ce soir la et oui las de tout ceci le beau goss Morgan en a plus que sur le cœur donc il a su faire face des railleries et s'est battu pour ressortir la tête du bidet car oui le vide fut énorme mais non ce n'est pas la femme de sa vie si jouer avec les sentiments des autres il y a c'est que non ce n'est pas la bonne mais bonne du curé pardi, petite délurée assumée et assurée d'y arrivé sauf que pouffe de sortie exit c'est par ici la sortie et voici que l'école est finis mais que bien d'autres l'aurons assouvis. Et oui et oui ca n'est pas finis…

L'INCENDIE DES CIEUX

Il y a eu un incendie volontaire près de la rue Voltaire à cause d'un couple dont la cause est encore inconnue !
Voici une énigme des plus incohérente cet épisode de votre saga préférée crime et saccage aux petits oignons.
Dans ce 1ᵉʳ chapitre toute la série tient sur ce phénomène étrange de l'incendie criminels perpétrés par des hommes ou des femmes en plein désir de vengeance contre autrui à titre non gratuit mais dont on ne connaît pas encore la cause.
L'intrigue se jalonne entre la préméditation et l'optempérance des forces de l'ordre et des pompiers qui se courent après afin d'en finir mais qui sais quand cela finira telle est la question à 100 000 dollars car oui tout le monde a été réquisitionné sur cette enquête du tonnerre de feu car personne ne peut les arrêter ces criminels du feu qui saccage, tue et ne font que causer des dégâts physiques et matériaux en masse.
Alors voilà, première piste, ce couple, rue Voltaire.
D. sait combien de couple se dispute mais celui-ci remporte tous les trophées.
En cause, ce couple et ces tiraillades plus que dangereuses. En détails ce feu qui a mis de l'encre aux poudres pour plus d'un habitant. En effet, cela à pour conséquence une révolte en masse car oui ce couple est innocent mais on ne sait pas d'où provient cet intempestif accident volontairement nuisible. Le nuisible voyez vous c'est tout ce qui se débat contre l'ostentatoire, le religieux, le pieu, le normal et la normalité.
Quoique le paranormal relève de l'ostentatoire et du sensible puisque sensibilité il y a et oui le désordre parfois créé l'ordre mais dans une certaine mesure. Donc non à l'homme tout puissant que certains dont moi aime et chérisse.
Attention, cette partie de l'épisode sensible, met en lumière et accentue un parallélisme vile gueux. Carte joker pour cette partie de la scène, âme sensible se retenir ou a tout jamais ne pas lire car oui il se peut que le crime et la scène fut filmée par un travestit dévergonder quoi qu'avertis et oui cela dit rien n'est fini, il fut le témoin clef et enregistreur grâce à son autoradio portatif vidéo caméra bien plus qu'instinctif car oui au 100 000 dollars et non à la loose. Pour peu qu'il ai filmé le magot oui ce sont bien ces deux amoureux éperdument fou l'un de l'autre qui ont mis le feu au poudre un peu partout mais non ils n'étaient pas seuls. Donc attendons le second épisode pour ne pas rompre la monotonie naissante d'un bon dialogue qui se tient et se veut divertissent.

© marine mihir, 2024
Édition : BoD · Books on Demand, 31 avenue Saint-Rémy,
57600 Forbach, bod@bod.fr
Impression : Libri Plureos GmbH, Friedensallee 273,
22763 Hamburg (Allemagne)
ISBN : 978-2-3225-3260-5
Dépôt légal : Décembre 2024